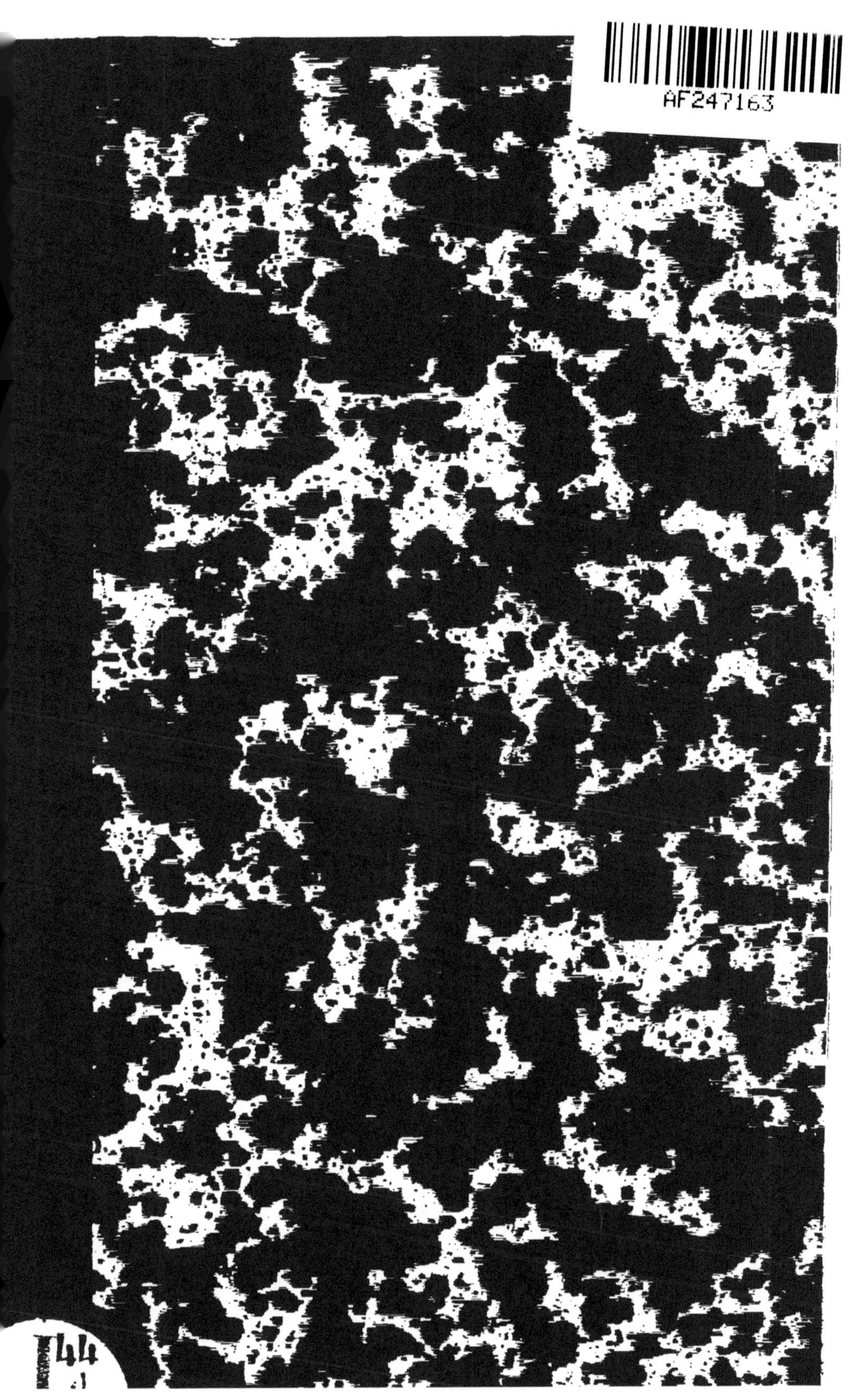

ÉTRENNES

A

NAPOLÉON LE GRAND,

OU

ÉTENDUE

DU POUVOIR SOUVERAIN.

Prix 75 centimes, (15 sols.)

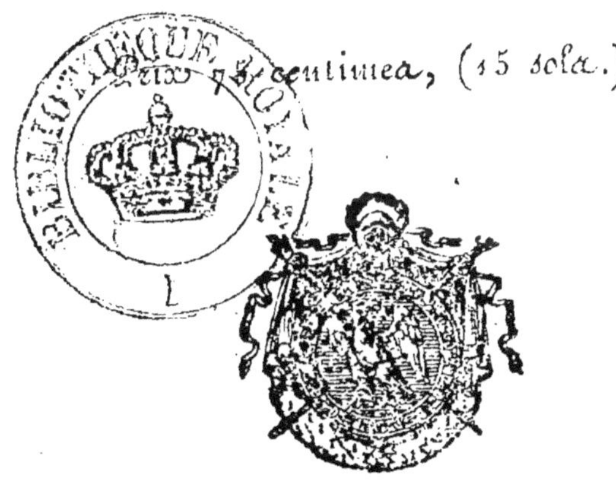

A PARIS,

Chez
{
DEBRAY, rue Saint Honoré, vis-à-vis celle du Coq, N° 168.
CHAUMEROT, au Palais Royal, galerie de bois.
Et chez l'AUTEUR, abbaye Saint Victor, rue Saint Victor, N° 6.
}

1810.

L A

PUISSANCE TEMPORELLE

RENTRÉE ENFIN DANS SES DROITS,

SOUS L'EMPIRE

DE NAPOLÉON LE GRAND.

Per me reges regnant ;
Per me principes imperant.
Prov. 8.

PRECIS.

TANDIS que les Rois se réunissent pour éteindre à jamais le flambeau de la guerre, l'église se choisira-t-elle un autre obscur pour allumer de nouveau les feux de la discorde ? C'est par moi

A

que règnent les Rois, dit la sagesse éternelle. « C'est par moi que les prin-
» ces commandent ».

Aucune puissance sur la terre n'est au-dessus d'eux ; c'est de Dieu seul que relève leur autorité. S'il arrive qu'ils commettent quelques fautes dans les détails presqu'infinis de leur admi-nistration , c'est au Tout-Puissant lui seul qu'ils en sont comptables. Dans la conception de Dieu, leur puissance est éternelle ; un être infiniment sage ne peut enfanter ni la discorde ni l'anar-chie. Leur puissance a de beaucoup devancé J. C., & l'homme Dieu n'est point venu l'abbatre mais la respec-ter ; « Je ne suis point venu, dit-il , » pour enfraindre la loi ; mais pour » l'observer. » *Non veni legem solvere sed adimplere*, Mat. c. 5.

Les autres législateurs n'étant que des hommes , ils se sont appuyés sur la puissance humaine ; ils ont réuni les deux pouvoirs en un, spirituel & temporel. Si le fils de Marie est Dieu, il dédaignera le pouvoir des humains; il est assez fort seul, pour élever, affermir & conserver son empire. Il prouve sa divinité, en disant que son royaume n'est point de ce monde, & qu'il laisse la domination aux princes de la terre : *reges gentium dominantur eorum, vos autem non sic.* Luc. 22.

Au sujet de son règne éternel, dont il veut faire part à tous les humains, il institue des prêtres qui doivent leur faciliter les moyens de se le procurer; & ce n'est jamais de sa faute, s'ils en perdent leur partie d'héritage. Voilà les deux puissances établies. La temporelle dans la personne des Rois, la spirituelle dans la personne des prêtres.

Cependant qui voudroit le croire ? Malgré que ces deux puissances soient si distinctement & si visiblement prononcées ; l'une, (au mépris d'une si noble & si sage institution qu'elle appelle divine, qu'elle croit divine, & qu'elle prêche comme divine, dont elle adore l'auteur comme Dieu, & qu'elle commande d'adorer comme Dieu, sous la menace de souffrir des tourmens infinis) : l'une, dis-je, & c'est la plus parfaite, a outragé, violé, dilacéré l'autre, en empiétant sur ses droits, en l'avilissant, souvent en l'anéantissant par des interdits de tout un royaume, par l'excommunication du prince, par l'enlevement de son diadême, par la nomination d'un autre roi, qu'elle intronise en sa place.

Lecteurs, je ne fais qu'un Précis : lisez l'histoire de toutes les principautés d'Europe, Allemagne, Pologne, Suisse, royaume des Romains, Portugal, Espagne, Naples, Venise, Hollande, Pays bas, Russie, Sardaigne, Hongrie, Saxe, Dalmatie, Liége, Sicile, Bavière, Navarre, France, Angleterre, &c. Partout vous y verrez les pages souillées de ces abominations. Le souvenir des cruautés des empereurs payens contre l'église chrétienne naissante, a quelque chose de moins allarmant : ici c'est christianisme contre christianisme ; c'est le convié qui vole, qui tue le maître du festin. Mais au lieu de vous livrer à des imprécations exaspérantes, admirez comben cette religion est divine, puisque tant d'horreurs dans ses premiers chefs, n'ont pu l'anéantir. Bénissez le ciel d'une autre part , de ce que vous y voyez enfin mettre un terme, par un prince envoyé de Dieu, doué de justice, de force, de courage & de zèle réunis, capables de le faire entreprendre & terminer une œuvre d'une si haute importance pour la tranquillité publique & la gloire de l'évangile (1).

L'église n'a qu'un seul & unique pouvoir divin. Elle l'a reçu de J. C. lui-même, avec ordre de le propager par une cérémonie sacramentelle. L'église le communique & le communi-

---

(1) Vers l'an 1208, Jean , roi d'Angleterre, se trouvoit tellement altéré des outrages du Pape Innocent III, qu'il en écrivit au roi de Maroc, pour se faire mahométan.

L'an 1246, le Pape Innocent IV ayant excommunié Frédéric , Empereur d'Allemagne , ne se contenta pas de soulever contre lui toute la chrétienneté, il lui chercha des ennemis en Afrique; il écrivit au Sultan d'Egypte , l'engageant à retirer l'alliance qu'il avoit avec Frédéric ; le prince Musulman lui fit cette réponse au mois d'août. « Nous avons reçu vos lettres; votre envoyé nous a parlé » de J. C. que nous connoissons mieux que vous, & que » nous honorons plus que vous ne faites. »

Je conserve sous ma main, pour ma justification, tous les faits que je cite, avec leurs dates.

gnera sans cesse jusqu'à la fin des siècles, sans que les portes de l'enfer puis-
sent jamais y mettre obstacle. Voilà l'é-
tendue & toute l'étendue de la puissance
spirituelle qui, renfermée dans ces jus-
tes bornes, fixées encore depuis, par
le pontifical romain, dans le cérémonial
du sacrement de l'ordination, tant
pour le prêtre que pour l'évêque,
donne le pouvoir d'administrer les sacremens institués par J. C., avec in-
jonction de prêcher les mystères con-
tenus dans le symbole des apôtres.

Hors de là, tout ce qui se passe dans
les sociétés civiles & religieuses, est du
ressort exclusif du prince, à qui Saint-
Paul, sans distinction de rang ni d'état,
a ordonné de payer l'impôt; à qui
Saint - Pierre commande d'obéir,
quand même il ne seroit pas chrétien,
etiam discolis; à qui, dans la personne
de César, J. C. veut qu'on rende l'hom-
mage digne de son élévation, qui est si
grande aux yeux des livres saints,
que les rois y sont appelés *des dieux,*
par la représentation de la puissance
de l'Eternel qui reluit dans leur personne, *dii estis,* ps. 81. *cui vectigal,*
vectigal, Rom. 13.

Il ne peut se rencontrer ici tout au plus, qu'une seule observation à faire, au sujet de l'administration des sacremens & de la célébration du sacrifice divin : il y a dans ces deux objets, des cérémonies *intérieures* qui sont au pouvoir & à la disposition de l'église, & sur quoi la liberté lui est donnée par J. C., de faire des lois, sans que le prince ait aucun intérêt d'y contrevenir ; mais tout ce qui est à *l'extérieur* est du ressort du prince, comme attribut de sa puissance temporelle ; y porter atteinte, n'est-ce pas un crime de lèze-majesté ? *gladium portat*, rom. 13.

L'origine de toutes ces entreprises scandaleuses de l'église sur le temporel des Rois, vient de ce que Pepin Lebref, en 753, a investi l'évêque de Rome, de la puissance temporelle, & l'a rangé parmi ceux qui, chargés de la domination, doivent disputer la cause des peuples, par la science des combats & l'effusion du sang humain, dont cependant l'église a tant d'horreur, qu'elle en forma même l'axiôme ; *ecclesia horret à sanguine*. O ! combien les siècles futurs, les papes eux-mêmes béniront Napoléon le Grand, d'avoir débarassé les chefs d'une religion sainte, humble & toute spirituelle, de tant de soins inquiétants, cruels & horribles ! (1)

Je cite au tribunal de la vindicte publique de toute l'europe chrétienne, les boutefeux téméraires qui répandent le bruit que Pie VII, à cette occasion, a excommunié le monarque bienfaisant : (2) ne savent-ils pas

----

(1) J'eus la curiosité de calculer le nombre des pontifes romains, canonisés par l'église, et j'en ai compté soixante-neuf dans les sept premièrs siècles, avant qu'il ne fussent princes temporals : & depuis lors, pendant onze cens ans, je n'en trouve que quatre ou cinq ; quelle différence ! quel vuide ! je m'interdis ici toute réflexion.

(2) Décret daté du camp impérial de Vienne, le 17 mai 1809, art. 1er. *Les états du pape sont réunis à l'empire Français.*

1 Cette fermeté sage de Napoléon, a réunir la ville de Rome & ses dépendances à l'empire Français, est regardée par des savans Arméniens, que je connais dans Paris, comme un coup du ciel qui dispose les trois églises d'Orient à la réunion avec l'église latine.

Les protestans d'Europe y trouveront aussi beaucoup moins de répugnance.

Ce tableau affligeant m'inspira le courage, en 1796,

que ce pontife instruit, éclairé, ancien professeur de théologie ne peut ignorer, que les princes peuvent reprendre de l'église quand il leur plaît, pour l'utilité de leur nation, les biens qui lui ont été donnés en œuvres pies, pourvu que ce soit pour le profit de leur nation, & non pas pour leur utilité particulière & personnelle. Le concile de Trente dit Sess. 22, ch. 11, que les potentats peuvent ressaisir ces biens. Le vertueux & savant Pie VII a sans doute présent à l'esprit l'article 13 du concordat, par lequel il a déclaré que la vente des biens de l'église de France, est stable, irrévocable & incommutable ; or les biens de l'église de Rome sont-ils d'une nature différente de ceux de l'église de France ? Le pontife de Rome, lui-même chef de l'église, appartient-il moins à l'église que les membres qui la composent ? ils ne réfléchis-

---

tandis que j'étois aux eaux de Saint-Amand, pour ma guérison, d'insérer la phrase suivante à Pie VI, dans un ouvrage latin à son adresse, que je fis déposer chez son représentant à Paris : *abnuat heroicé jura regnorum, sibi nobisque portas adaperiat regni cœlorum !*

sent donc pas, ces esprits turbulens, que
si le pape actuel avoit commis cette
indiscrétion, il se seroit encore une
fois évidemment contredit, en oppo-
sant lui - même à lui-même ; car d'un
côté, il auroit lors du concordat, ap-
prouvé les libertés de l'église Gallicane, en donnant la ratification ou la
confirmation à soixante-trois évêques
qui juroient de les observer & de les
faire enseigner. D'autre part, il auroit
contrevenu aux mêmes libertés en ex-
communiant un prince français. Chose
que nos maximes défendent sévèrement.
Si j'étois informé d'une telle versati-
lité de sa part, je lui ferois dans l'afflic-
tion de mon cœur, le reproche res-
pectueux que j'ai fait à son prédécesseur Pie VI, d'avoir donné dans les
deux extrêmes d'une contradiction,
& d'avoir nécessairement commis une
erreur, sans cependant que l'église de
Dieu en reçoive aucune atteinte ;
car l'église universelle est infaillible,
cela nous suffit pour conserver l'unité
de la foi. Qu'un pape succombe plus
ou moins, comme un autre homme
aux infirmités humaines, la foi chrétien-

ne n'en souffre pas d'altération. (1)

.Je passe des qualités de l'esprit à celles du cœur. Toutes les actions du chef de l'église d'un Dieu qui voulut être pénétré de bonté jusqu'à mourir pour nous sur la croix, & qui portoit avec tant de patience la brebis sur ses épaules, loin de la repousser ou de l'égorger ; toutes les actions, dis-je, du vicaire de ce Dieu qui n'éteignoit pas une paille fumante, doivent être fondées sur la charité, la douceur & la mansuétude, ce qui seroit diamétralement contraire à un acte violent, ven-

(1) Le 27 décembre 1796, dans mon ouvrage intitulé : *Paix intérieure de la France*, j'ai démontré évidemment que dans sa bulle du 5 juillet 1796, envoyée officiellement au gouvernement français, Pie VI avoit commandé ce qu'il avoit défendu dans ses bulles sourdement multipliées à l'infini de 1791 & 1792 ; il y avoit donc contradiction manifeste, erreur nécessaire de part ou d'autre.

Si c'est pour cela que les portes du saint ministère me sont fermées dans Paris ; heureusement il y a dans le parvis du temple du Très-Haut une providence divine qui console, après avoir enhardi à ne point tenir la vérité captive au détriment de ses intérêts éternels, en observant, néanmoins, toujours le respect dû à ceux qui président nos destinées.

geur & irascible, ce que je dis ici d'un chef de l'église en général est encore bien moins appliquable au pontife *Chiaramonte* dont le caractère est *si* calme, si réfléchi, si prudent, si modéré ; or, il faudroit qu'il se fut rendu contraire à soi-même, par l'effet d'une grande passion d'un moment, ce dont tout l'univers chrétien le croit incapable.

SCHISME.

Malgré tant de preuves satisfaisantes, il est bon de prémunir le peuple contre les esprits insensés qui ne respectent ni les principes de la foi, ni les documens de la raison ; & qui par inconsidération, faux zèle, animosité ou fureur, crient au schisme & au martyre, à la moindre réforme qui leur déplaît, & par ces deux moyens insidieux & sacrilèges, troublent la paix de l'église & de l'état, que de muids de sang n'a point fait verser ce cri de guerre, depuis dix-neuf ans que la France a voulu ramener pied à pied les prêtres à la perfection de l'église primitive ! quoique toutes les

guerres que nous avons subies depuis
lors, aient été toujours une suite funes-
te de ces cris hypocrites ; bien heureusement se fait-il que comprimés par le
bon respect qu'inspire le ferme Héros ;
les malveillans qui crioient tant à la damnation lorsqu'on s'emparoit des biens
du clergé français, ne disent pas un mot,
depuis que les biens du pape sont réunis à la couronne de France. Il est fa-
cile de voir à présent de quel côté étoit
la vérité & la vertu, dans leur lutte
scandaleuse qui couvrit la France de
sang & de cendres. Mais hâtons-nous de
tirer le rideau sur des scènes si affli-
geantes & si anti-chrétiennes.

Essayons de faire cesser à jamais
à l'avenir les fausses clameurs de martyre & de schisme. L'église est un
corps ; à un corps, il faut une tête,
c'est-à-dire un chef. D'ailleurs, il n'y a,
dit Saint-Paul , qu'un Dieu , qu'un
baptême , qu'une foi. Or , pour que
cette foi se répande dans tant de millions de chrétiens , telle que J. C. la
commandée , il faut un centre d'u-
nité qui serve de rapprochement &
de confrontation , afin qu'elle soit dans

(14)

tous la même, semblable & uniforme.
Il n'y a que deux cas où le schisme
puisse avoir lieu : 1°. Lorsqu'un chrétien émancipé, ou jaloux d'une fausse
liberté de croyance, dit qu'il ne faut
point de chef visible à l'église de J. C.
2°. Si quelqu'un, par esprit de parti,
refuse de reconnoître le chef ou le pape
qui est canoniquement élu : hors ces
deux cas de schisme de fait & de
schisme de droit ou de croyance, il peut
y avoir scandale, hérésie, division
d'opinion, erreur, mais aucunement
le crime de schisme (1).

Dans un autre cas par exemple où
un souverain voudroit réformer quelque défaut dans le gouvernement *ex-*
térieur de l'église; ce qui est essentiel-
lement de son ressort, parce que cela
touche à l'ordre ou à la tranquillité
publique qu'il doit maintenir ; en ce

----

(1) A vingt-sept ou vingt-huit époques différentes,
depuis dix-huit cens ans, il y eut plusieurs papes nommés à la fois. Le schisme alors n'étoit qu'entre les pré-
tendans & ceux qui avoient contribué à leur nomination.
Dans le peuple chrétien, il n'y avoit que vertu, dans
le vif desir de voir terminer ces scènes scandaleuses
& désolantes.

cas si la cour de Rome s'y opposoit, si elle crioit au schisme, il faudroit obéir à son souverain, la plaindre, & la laisser crier, servir Dieu paisiblement comme de coutume, & surtout se bien garder d'avoir jamais la folle ardeur de courir à sa voix au martyre, comme il s'est généralement pratiqué de nos jours à la Vendée; car en pareil cas, on mourroit comme perturbateur du repos public & très-coupable aux yeux de Dieu, loin de mourir innocent : on seroit vraiment digne de l'échafaud & du supplice & non de la brillante auréole de *Bosra*, Is. 63.

PATRIARCHES.

Il n'est rien dont les esprits inquiets & hautains ne se servent pour exaspérer, aliéner & porter à la révolte la masse du peuple chrétien; à les entendre, la foi va périr, parce que l'on se disposeroit à créer un patriarche en France.

Avant de répondre à leur précoce & téméraire supposition, je commence par leur dire, avec tous les hommes judicieux , 1°. que si du temps de J.C. , la ville de Paris, au lieu de n'avoir qu'une centaine de huttes couvertes de paille , avoit été ce qu'elle est sous Napoléon ; le chef de l'église eut été à Paris & non à Rome; 2°. que comme S.-Pierre avoit quitté la ville d'Antioche où il avoit siégé pendant sept ans pour aller faire sa résidence à Rome, parce que Rome, capitale du monde par ses conquêtes , étoit plus célèbre qu'Antioche; par la même raison , le pape de nos jours ne feroit pas une chose inconvenable de quitter Rome , & de venir demeurer à Paris; il ne feroit en cela qu'imiter à la lettre & au calcul, l'apôtre Saint-Pierre, puisqu'il y a environ sept ans que Pie VII est sur le siège romain, ayant été créé pape le 12 mars 1800; Paris a sans contredit aujourd'hui plus de célébrité que Rome, tant par les exploits du fameux Monarque qui y a fixé son trône , que par tous les chefs-d'œuvre de l'art que ses victoires y ont rassemblés; Rome depuis quelques mois enfin, cesse d'être capitale d'une souveraineté ; elle est rangée si l'on veut, parmi tant d'autres villes

ordinaires

ordinaires de première classe, mais subordonnées à Paris, qu'on peut regarder aujourd'hui, sous Napoléon, comme la première ville du monde.

Viendra-t-on m'objecter que le siège de Rome est le siège du chef de l'église universelle, reconnu comme tel, par Napoléon lui-même ? Je réponds que le pape seroit toujours évêque de Rome, en demeurant à Paris, comme divers papes, pendant soixante-quinze ans, n'ont cessé d'être évêques de Rome en demeurant à Avignon, ville de France, qu'on ne peut pas récomparer à Paris. D'une autre part, rien n'empêcheroit qu'on ne réunit l'évêché de Rome à celui de Paris. Deux évêchés réunis sur une seule tête épiscopale ne font ni outrage à la foi, ni schisme dans l'église de Dieu. St-Grégoire le grand lui-même, ce docteur si pieux & si savant, a sous son pontificat, permis plusieurs fois ces sortes de réunions. Et sans reculer jusqu'au septième siècle, n'avons-nous pas sous les yeux & dans nos murs, un exemple frappant de ce que j'avance ? M. l'abbé Maury, cardinal, résident en France, ne réunit-il pas deux évê-

chés en Italie, & même sans y résider; c'est-à-dire l'évêché de *Corneto* avec celui de *Monte-Fiascone?* Le
pape venant résider à Paris, seroit-il
plus coupable que lui? & l'église de
J. C. manqueroit-elle de chef ou de centre d'unité, non plus que Monte-Fiascone & Corneto ne manquent d'évêque? Je laisse à réfléchir sur cette supposition qui ne porteroit pas plus d'in-
convénient à la foi de l'empire français,
qu'à la politique de l'Europe.

Je viens à l'article *patriarches* qu'il
est important d'expliquer; car à défaut d'instruction, & s'il n'étoit pas mis
dans son jour, il pourroit dans son éta-
blissement parmi nous, occasionner
des troubles, par les peines de conscien-
ces que souffriroient beaucoup de chrétiens qui tous ne sont ni à portée ni
obligés de connoître toutes les nuances
hiérarchiques & toutes les gradations du
gouvernement de l'église. Pour les tran-
quilliser, dans le cas arrivant que l'on
veuille un jour mettre un patriarche
en France, ils peuvent se guider sur
l'explication suivante.

Le mot *patriarche* chez les chrétiens,

veut dire , le *premiers des pères*. Il est le premier des archevêques d'un royaume, comme un archevêque est le pre-premier des évêques de son arrondissement ; comme un *archiprêtre* est le premier des curés d'un décanat , on l'appelle aussi *doyen*. Ainsi le pape est le premier des patriarches, voilà tout. Le terme n'est pas une nouveauté : il y a même dans la ville de Rome , depuis plus de quatorze cens ans, cinq patriarches reconnus a Rome par cinq différentes églises , que pour cela on nomme *patriarchies*. L'église de Saint-Jean-de-Latran , pour le patriarche de Rome ; celle de Saint-Pierre , pour le patriarche de Constantinople ; celle de Saint-Paul , pour le patriarche d'Alexandrie ; celle de Sainte Marie-majeure, pour le patriarche , d'Antioche ; enfin celle de Saint-Laurent , hors des murs, pour le patriarche de Jérusalem.

Outre ces cinq patriarches les plus anciens & les plus renommés, il y en a encore plusieurs autres, mais qui tous, non plus que ceux-là, ne sont pas autrement consacrés, que le commun des évêques de toute la chrétienneté.

On en a mis un , très-anciennement à la ville d'Aquilée dans le Frioul, près de Triest, qui fut transféré à Garde, par Pelagius, prédécesseur de Grégoire le Grand, en 579, après qu'Aquilée fut détruite en 452, par Attila. Ce patriarche fut supprimé en 1751 par Benoît XIV : il y eut aussi très-anciennement un patriarche à Venise, qui y subsiste toujours. Les rois de France , vers le temps de Charlemagne, en avoient érigé un à Bourges, comme l'Empereur actuel en pourroit établir un à Paris. Il y en a un dans l'Inde pour tous les évêques d'Espagne & de Portugal, qui sont dans les Colonies asiatiques, &c. On a souvent confondu le titre de *primat* avec celui de *patriache*, tel que primat des Gaules en France, primat d'Hongrie , primat d'Allemagne , primat d'Espagne. Ils ont les mêmes droits.

Tous ces titres honorifiques qui n'ont pris naissance qu'au concile de Nicée en 325 , ne font rien à l'objet de la foi, mais font seulement sensation dans le gouvernement de l'église. Les droits des patriarches sont 1°. de maintenir l'ordre & l'uniformité dans la discipline

2°. de juger les différens entre les évêques, lorsqu'il n'est pas possible d'assembler un concile général ; 3°. de sacrer les archevêques ou métropolitains de leur arrondissement ; 4°. d'avoir une place distinguée dans un concile œcuménique. Un seul devoir *de décence* qu'ils ont à remplir, c'est d'envoyer leur profession de foi, aux évêques qui leur sont subordonnés.

Mais que faudroit-il que fît un patriarche nommé par Napoléon, pour qu'il ne put pas être réputé schismatique, comme les divers patriarches des trois églises d'Orient, la Grecque, la Cophte & l'Arménienne ?

Il y a, de la part d'un patriarche, trois moyens à choisir pour conserver l'union avec le chef suprême visible de l'église. 1°. Il peut demander & obtenir du pape, une bulle, c'est-à-dire, une feuille de parchemin muni d'un plomb, par laquelle le Saint-Père reconnoît sa nomination & la ratifie; ce qui s'appelle *confirmation.* Ce premier moyen usité depuis environ huit cens ans, avoit déjà été combattu par Saint-Louis en 1268, dans sa pragmatique sanction comme ruineux à l'état.

2°. Le patriarche élu peut se contenter d'une lettre écrite au souverain pontife, par laquelle il annonce son élection & lui fait sa profession de foi : cet usage s'est pratiqué depuis Constantin , jusqu'à l'invention des bulles dont je viens de parler. Cette seconde manière pratiquée jadis pendant sept cens ans environ , est celle que , par économie, l'assemblée constituante avoit adoptée dans sa constitution civile du clergé.

3°. Le nouveau patriarche ne s'en tenant simplement qu'à la sainte écriture, peut aussi choisir le moyen qui a été en usage dans les trois premiers siècles du christianisme , & qui est beaucoup moins gênant, sans jamais devoir craindre les fantaisies de la cour de Rome, comme par exemple depuis 1682 , jusqu'en 1700 , elle refusa de ratifier la nomination faite par le roi de France, de près de cinquante évêques en dix-huit ans. Par ce troisième moyen, on n'écrit point à Rome si on ne veut; le patriarche fait seulement en chaire dans son église patriarchale, sa profession de foi, en disant qu'il jure de croire,

(23)

d'enseigner & de faire enseigner dans son patriarchat, la *religion* catholique, apostolique & romaine. Les mots *catholique & apostolique*, marquent son union & sa ressemblance de foi avec l'église universelle qui la tient des apôtres. Le mot *romaine* marque l'union avec le chef de l'église qui est évêque de *Rome*.

C'est ainsi que les évêques des trois premiers siècles se conduisoient ordinairement, sans craindre d'être schismatiques. Ainsi nommément, comme nous le voyons dans son histoire, se conduisit Saint-Alexandre, évêque, dit le *Charbonnier*. (1) Le même jour qu'il

____

(1) Saint Alexandre le Charbonnier, né noble, et devenu philosophe payen, embrassa la religion de J. C., d'après un mûr examen, à l'exemple de Saint-Justin, aussi philosophe: il fut par le choix du peuple, en présence de St-Grégoire-Thaumaturge, nommé évêque de Comane, ville d'Asie, située près du mont Taurus, l'an 233 sous le regne d'Alexandre Valère, et mourut, martyr par le feu, sous l'empire de Déce, en 253, après avoir exercé pendant 20 ans, les fonctions épiscopales avec un zele vraiment apostolique; nous regrettons de n'avoir point eu, de sa main, une apologie de la foi, comme Saint-Justin en a transmis le riche présent à tous les siécles.

Par respect pour un si digne patron, savant philosophe converti, j'ai tracé l'ordre de sa vie en 1784 â Cambrai, où j'étois alors Curé, dans un tableau de 4 pieds que je conserve toujours dans ma solitude à Paris. Sur un des livres de

fut choisi par le peuple, il fut sacré, &
fit ses fonctions épiscopales en prêchant

---

la philosophie payenne, qu'il foule aux pieds : on lit les deux
vers suivans, écrits au pinceau.

De noble et de savant philosophe payen,
Devenu charbonnier, prélat martyr chrétien.

La gravure de ce tableau fera dans peu le frontispice d'un
ouvrage que je médite, et qui aura pour titre : *La foi du*
Charbonnier; ou la ressemblance d'un *bon* déiste avec un
bon catholique.

Les longues brouilleries entre la cour de Rome et la
cour de Portugal, vers l'an 1768, brouilleries qui mena-
çoient de faire revivre celles plus terribles du onzieme et
treizieme siecle, engagerent le roi de Portugal à faire enseigner publiquement dans les académies de Lisbonne, et à
faire répondre par la voie de l'impression 1°. que les éveques
nommés par le roi pouvoient être sacrés et remplir leurs fonctions, sans recourir à Rome; 2°. qu'il ne falloit pas non plus
recourir à Rome pour les dispenses qui regardent le bien
public. Doctrine que le savant Ganganelli, alors pape, n'a
nullement improuvée ni accusée de schisme : ce grand
homme savoit trop bien que tel étoit l'usage des premiers
siecles, dont la consécration d'Alexandre le charbonnier, a
fait de tout temps un temoignage irrécusable et une époque
frappante : son histoire est au onze du mois d'août.

Si Pie VI, son successeur, au lieu de maudire la réforme
sage et apostolique de l'assemblée constituante, qui vou-
loit ramener les prêtres de France aux mœurs primitives,
avoit pensé et agi comme lui, si, dis-je, au lieu de suivre
des conseils passionnés, il avoit souscrit en équitable père et
en pontife savant et de bonne foi, à la réforme des français,
jamais il n'eut été enlevé du séjour brillant du capitole; il
seroit mort moins malheureux et plus chrétien.

Aidons-nous ici d'un exemple encore vivant sous nos yeux

le même peuple, à 600 lieues de Rome, à Comane , au pied du Mont-Taurus.

M. Emeri , président du Séminaire épiscopal de Paris , quoi-que pensant comme Pie VI, quoique déversant depuis 18 années de sa main gauche, des milliers de malédictions , à cependant eu le courage de bénir une fois de la main droi-te ; il fit le généreux effort de dire, page 70 de son ouvrage sur *la Pratique de l'Eglise* (que j'ai chez moi,) que l'as-semblée constituante *heureusement n'avoit rien changé à la doctrine de J. C.* Napoléon n'y a donc rien changé non plus : comme elle, il a fait serment de croire la foi Catho-lique, apostolique et *romaine* , il n'est donc pas schismatique, et les évêques de France qui seroient sacrés et mis en fonctions sans recourir à Rome, ne seroient pas plus dans le schisme que lui; parce que ces prélats , par la même profession de foi du monarque, reconnoîtroient un *centre d'unité* , et cette re-connoissance est un des points de cette doctrine, à laquelle M. Emeri avoue et assure qu'on n'a *rien changé.*

On ne sauroit jamais trop inculquer au peuple chrétien françois, (dont on a tant trompé la confiance depuis l'année 1790, par les vociférations de schisme,) que la profession de foi de notre Empereur et des Evêques nommés par lui, est plus expressive et marque plus fortement l'union avec le souverain pontife, que toutes les anciennes professions de foi des Grégoire de Nazianze, des Grégoire de Nisse, des Grégoire Thaumaturge , des Bazile , des Ambroise; des Augustins , des Chrysostome et des Athanase : ces pontifes vénérables, ces colonnes de l'Eglise naissante se contentoient de réciter le symbole des apôtres. Napoléon et tous les évêques de l'église gallicane y ajoutent le mot *romaine,* que l'église primitive n'a point connu, parce qu'il n'a été institué qu'au neuvième siècle, d'après la séparation des grecs qui , **en** brisant l'unité, placèrent le siége de Constantinople au-dessus de celui de Rome. Si ces grands évêques des premiers siecles

Rome l'a canonisé, & fait sa fête le onze du mois d'août; il n'étoit donc pas schismatique. Eh bien, un patriarche nommé par l'Empereur (qui représente majestueusement les droits du peuple,) ce patriarche, dis-je, qui, sacré & entré en fonctions le même jour de sa nomination, feroit le même jour sa profession de foi dans sa basilique, comme Saint-Alexandre, le Charbonnier, la fit sur la place de Comane, ne seroit pas plus schismatique que lui. L'un & l'autre est très-bien fondé sur l'écriture, qui dans l'épitre aux romains, ch. 10, nous dit qu'en croyant de cœur, on fait une chose juste, mais que faisant ensemble la profession de foi de bouche, on consomme de l'œuvre de son salut, tout ce que la foi chrétienne

---

ont été unis de foi, au chef visible de l'église, à plus-forte raison lui sont-ils unis, les Evêques de France et le monarque à leur tête.

Terminuons cette notice par un trait de plus en plus mémorable. S. Saint Louis (dont j'ai parlé page 21, et que j'ai ici placé à dessein en vignette de frontispice) avoit eu dans l'exécution, la fermeté de Napoléon le grand, tous ces maux seroient finis il y a six siecles. Hé! que de fleuves de sang il eut empêché de couler de nos jours dans notre France et dans l'Europe entière!

demande & a droit de demander. Or ,
où l'œuvre du salut s'opère, le schisme
ne peut se rencontrer. *Corde creditur ad
justitiam* , dit l'apôtre, *ore autem con-
fessio fit ad salutem.* Par ce seul fait, l'u-
nion est consommée avec le souverain
pontife. Lien saint sacré, devant lequel
une futile bande de papier ou de parchemin, n'est tout au plus qu'un frêle
signal. Lien sacré, je le répète, que ni
les anges ni les hommes ne sauroient
rompre : l'esprit-saint l'a ainsi prononcé
par la bouche de St-Paul , dans celle
de ses épîtres, nommément adressée à
la ville de Rome , chap. 10 , verset 10.

Subsistance des Prêtres.

Le royaume du maître n'est point
de ce monde; celui des disciples ne l'est
pas non plus. Les romains qui jadis cou-
vroient la face de l'univers , pouvoient
& devoient récompenser leurs prêtres
par des bienfaits périssables, parce que
leur religion n'avoit pour but que la
prospérité de la république : mais la
religion chrétienne qui est venu suc-
céder aux six siècles de la philosophie

payenne , porta plus haut ses vues &
la récompense de ses ministres; l'éter-
nité toute entière, en constitue le caractère. Quand à leur mort , un roi de
la terre cesse de combler de fa-
veurs ses vaillans capitaines ; le roi
des cieux commence à couronner le
zèle de ses apôtres. C'est bien pour cette
raison , que nos quatorze millions
de martyrs ont mis plus d'empres-
sement à monter à l'échafaud, que les
meilleurs guerriers n'ont jamais em-
ployé de bravoure dans les combats.
Leurcouronne étoit incorruptible. *Nos
autem incorruptam*, 1. cor. 9. Les peuples & les rois peuvent sans doute four-
nir à l'entretien & à la nourriture des
prédicateurs de l'évangile; mais ils ne
sont pas tous ensemble assez riches
pour former la récompense d'un seul
prêtre. Dieu qui appelle à son service
les ministres des autels, les remplit de
résignation à la providence, qui prend
soin de tout ; & leur apprend qu'ils sont
plus chers à ses yeux, que les lys des
champs & les oiseaux des forêts qui ne
sement & nefilent point. *Pluris estis
vos*. Luc. 12. C'est de cette manière &

dans cet esprit de résignation qu'ont vécu les prêtres excellens des trois premiers siècles, tandis que tous ceux alors qui gouvernoient la terre, étoient enveloppés dans les ténèbres du paganisme & leurs ennemis jurés.

Le soleil de l'évangile commence à luire sur les diadêmes ; Constantin se convertit, & les choses changent de face.

L'évangile n'a pas besoin de l'appui des rois ; mais les rois ont besoin du secours de l'évangile. Ils savent que rien ne peut consolider leur sceptre & rassurer leurs personnes, comme cette morale pure & sublime du législateur des chrétiens ; morale puissante, qui a l'impérieuse vertu d'enchaîner aux trônes des souverains, la pensée même de leurs peuples.

Constantin, & à son exemple les autres rois convertis, s'empressent de pensionner ou de doter en biens fonds, les prêtres de J. C., ces hommes si chers à la tranquillité publique !

Un prince de nos jours, plus grand que Constantin, rempli de toutes les grandes vérités utiles au bonheur des empires, du camp impérial de Znaïm ;

(13 juillet 1809), du milieu d'un champ de lauriers; chargé de mille exploits victorieux ; à 400 lieues de sa capitale ; à travers tout cet espace rayonnant de gloire , Napoléon l'invincible fait entendre sa voix au clergé de son empire.... En ordonnant aux évêques un *Te Deum* en action de grace au Tout-Puissant, il dit qu'il veut , en les ramenant à la dignité primitive , les *environner* d'une considération que lui seul peut donner : il l'a promis ; il tiendra sa parole. Les antiques vertus de l'évangile ont pour lui trop d'appas; elles sont trop analogues à ses sentimens de justice ; elles tiennent trop précieusement à la sûreté de son trône , pour ne point chérir les prêtres qui les pratiqueront & les feront pratiquer.

Qu'elles seront belles ces vertus, surtout succédant aux troubles affreux qui viennent de nous agiter par des clameurs furibondes & sacrilèges de schisme, d'hérésie & de damnation!

Les idées de ce Monarque restaurateur sont sages, grandes , magnanimes, dignes de lui, il suffit. Il a commencé, il consommera l'œuvre après laquelle tant de siècles avant lui ont soupiré.

Sans doute il évitera les fautes des gouvernemens antérieurs, qui après avoir pensionné sous la *garantie de la loyauté française*, les ecclésiastiques des deux sexes, dont ils avoient appréhendé les biens, firent ensuite des réductions tellement sévères, qu'un grand nombre d'entr'eux, courbés sous le poids de l'âge, & n'ayant d'autre crime que leur vertu, succombent à la détresse du besoin.

L'évangile ne sait ni se plaindre ni murmurer; mais il doit avoir la force d'instruire les potentats.

A. J. GUYOT, ancien Curé de la ville métropolitaine de Cambrai.

Je déclare contrefaits tous les exemplaires qui ne seroient pas munis de ce chiffre, dont l'explication se trouve à la fin de mon autre ouvrage *in*-4°, qui paroîtra sous peu de jours, sur les Lunettes achromatiques.

Deux Exemplaires sont déposés à la Bibliothèque.

RECAPITULATION.

Quand, par un instrument quel qu'il soit, un enfant s'est blessé ; la sagesse veut, à Rome comme à Paris, qu'on le lui retire des mains.

Ecclesia non agit strepitum fori.

De internis non judicat prœtor.

Ce qui est dit ici pour l'empire français, est dit aussi pour tous les Souverains de l'univers : les mêmes intérêts & les mêmes principes forment le même droit :.... *Eadem ratio idem jus.*

TABLE.

ERRATA.

Page 4, ligne 26, lisez *combien.*
Page 8, l'alinea *Ce tableau* finit la note (1)
Page 12, ligne 6, *or,* lisez *ou.*
Page 13, ligne 25, *la* lisez *l'u.*